Tåger og rim

Karen Margrete Olsen

Tåger og rim

Sårbare digte

Forlag: BoD – Books on Demand,
København, Danmark

Tryk: BoD – Books on Demand,
Norderstedt, Tyskland

ISBN: 9788771702477

*Tak til mennesker,
som har inspireret mig
til disse digte.*

*Tak til hjælpere i og
uden for psykiatrien.*

På tærsklen

jeg tøver
på tærsklen
tænker mig om
tager med mig
det som behøves

mit væsen er vind
er også smerte
er sten
som knuses mod sten

men smerten er god
når blot den forløser

nutids oplevet smerte
kan forløse et hjerte
fra fortids bundne smerte

Gensyn

gensyn
nyt liv
mørke
omskabt
- lys -

englen
sjælen
djævelen
hvirvler sammen
lys i mørke

mørke gennembrudt
lys beskygget
velvilje
hvirvler
omtanke
glitrer i tågen

tågerne skilles
skikkelser
tager form
sjæle tager
ny bolig
nyt liv
- - - -

gensyn
- - - -

Flamme

lidenskabens ild
flammer pludselig op
røgen formørker
det lys jeg før så

flammen svider
mit ensomme hjerte
river op
gamle sår

det var ikke af intet
at flammen opstod
det var det aldrig ..

beslægtede sjæle
der findes så mange
og mange gange
har flammen fortæret
mit omrids af ro

dog aldrig så hedt ..

Igennem

tale længe med dig

bryde igennem
flere lag
tynd is

kender du lyden
den sagte raslen
når vandet bevæger
de frosne skår
på overfladen
mod hinanden

det kræver mod
at lyse igennem

Jeg / du

jeg ønsker mig at være
hel i mit eget rum
og dog kommunikere
- kan jeg forlange mere?
- må jeg forblive stum?

Levende ?

hvem hjælper hende
igennem mørket

en sommerfugl
har sat sig på
hendes bryst

er hun levende

eller død

Det begynder ...

det begynder at tage form
ikke en form der tager sig ud
måske én som tager sig ind
ind i mig
i min sjæl
som antager nye former
tager form af det nye
der begynder

Skønheds baggrund

forårets første rose
er altid den skønneste
fylder min sjæl med
kraft og stråleglans

hvorfor mon?

måske på grund af
en lang vinters venten
men også fordi
den fødes
omgivet af
jomfruelig renhed

allerede den næste
bliver nabo til
et vist forfald

dette kan dog vise
den rette baggrund
for skønhed, kraft, styrke
- ja, her i tilgift
mildhed

Bundet til frygt

du minder om ham
- og alligevel ikke
mine stærke følelser
slutter sig til mindet
mindet om kropslig varme
nærhed og så -
intet
tomhed
afstand

mine stærke følelser for dig
fremkalder frygt
frygt for nyt brud
frygt for afstand
tomhed
intet

hvornår
kan jeg gribe
mig i frygten
i flugten
og vende mig om
se kærligheden i øjnene
tale klart derom

Tågebillede 2

den tætte grå
grænseudslettende tåge
som gennemtrænger landskabet
med sin forheksende magt

den er min rædsel
og mit håb
mit varsel om opbrud

bag den lyser min stjerne
så klart at
kendte jeg dens rette styrke
turde jeg ikke tage
et eneste skridt videre
på min søgende færd

Snublestenen

trappeløb nedad
uklar bevidsthed
hæl mod kant
- skred -
sidder på fod
skriger i smerte
forbander nu
hvorfor nu
snublestenen

foden forstuvet
brud på livet
aldrig mere
ungdoms ynde
hvorfor nu
snublestenen
sjælen let
lys og stærk
kroppen nu
fyldt med værk
hvorfor
snublestenen

hvem
skabte den
snublestenen
hvem lagde den
på min vej
- gjorde jeg?

Ved afgrunden

afgrunden foran mine
                fødder
tøvende drages jeg mod
                dybet
svimmelhed får mig til at
                svaje
kulde og varme skifter
                leje
pludselig står jeg fast på
                kanten
hvad skete? - øjet så det
                skønne
kridtklinten med de
                spredte buske
vandet som glitrede ved
                foden
sjælevæv fyldte helt min
                afgrund
englesubstansen gør mig
                sikker
nu kan jeg stå og ikke
                svaje
herfra kan jeg gå nye veje
hvem der end bor i hvilken
afgrund
- angsten får ikke bugt med
sjælen

Eftertanke

jeg tænder et lys for dig
et lys for den del af mig
som stadig er dig forbunden

måtte de sværeste timer
- jeg sårede dig så dybt -
vende sig til lyspunkter
stjerner i dit indre

punkter som langt senere
vil oplyse dine veje
når tiderne formørkes

Tusmørke

tusmørke
tusmørke
lysende klare farver
tyste skarptslebne tanker
fødsler i sjælens dyb

Vraggods

se - en stump træ
løsrevet fra
fortids formål
hvilket mon

lyser af hvidhed
henslængt af havet
slidt til blidere form
af sand og tålmodige bølger

hvem ænser det nu
hvem samler det op
og gengiver det
en sigende plads
i menneskets verden

Udfoldelse

det folder sig ud
de folder sig ud
hvor kommer den fra
denne omsiggribende
udfoldelse
denne vældige
bevægelse
dette evige
åndedræt
ind mod jorden
ud mod det ukendte

Plads

ved din
nænsomme
bevidste berøring
taler dine hænder sagte
til min krop:

giv plads for mennesket

Fastlåst i smerte

søster du ser mig her
i mit lejede værelse
fyldt med lidt for mange
ting

ser du at også jeg
er fyldt
med for megen viden
om verdens og menneskers
galskab
med for megen smerte
over min mangel på evne
evne til at ville
evne til klart at tænke
tænke en plan fra hjertet
og sprede min hjerteplan
så klart
at alle ville lytte
at alle ville hjælpe mig
at hjælpe verden
igennem fødselssmertens
kaotiske galskab

En rejses resultat

du gik bort fra din familie
du mødte fremmede former for
liv
du så i det fremmede
trods ydre forskelle
en indre lighed
vi er alle mennesker
på samme klode
i samme univers
med denne forståelse
hvordan kan krige
da fortsætte

freden begynder
mellem dig og mig

Lys og skygge

jo stærkere solen skinner
des dybere er de skygger
som den lader tingene kaste

når solen er dækket af skyer
da lyser de planter som ellers
syntes berøvet dens lys

Depression

jeg åbner døren på klem
blændes af lyset
overvældes af renheden

jeg træder indenfor
prøver mig selv
over for dette store
smukke   rene
mærker en rislen af kraft
også en svaghed
en tvivl

trækker mig ind i mørket
rutscher kilometer
efter kilometer ned
mod en afgrund
jeg ikke ser
men mærker
des tydeligere
et sug
nedad

opdager pludselig
at mørket
ikke længere er sort
men gråt
det lysner
farver træder frem

ja – jeg fik
et lille lys
en gnist af det store
med mig herned
nu kan jeg
orientere mig
synet svækker suget

nu ved jeg
at lyset og renheden
også er for mig
og jeg vil
op
ud i lyset
og videre
skridt for skridt

Sorgen og glæden

sorgen mor
sorgen er stor
men hvor er den
hele livet
har du søgt at
skjule den for mig
hvornår lukker du den ud

anelsen mor
tyngden bag dine øjenlåg
er værre end visheden
luk op for sorgen
lad os dele den nu

glæden mor
glæden forsvinder
siver ud i det grå
kølige mørke du
omgiver dig med
så længe sorgen
ikke får lov
at træde frem
i fuld styrke
vil også glæden
holde sig i baggrunden
- så giv os nu lov

Jeg var hende

husk det lille
tavse barn
med de mørke øjne
som fra klassens dyb
så mod læreren
altid mod læreren
aldrig mødte de dine
uden sky at flakke forbi
stædigt søgende tavlens
blide grå magi

Hun vil ind

jeg kan høre hende derude
hun banker på min dør
hvorfor kommer hun nu
i regn og blæst
det er koldt og mørkt derude
hun banker
jeg kan høre hende græde
det er også min gråd
jeg er selv kold og våd
men hun må blive derude
til jeg har forsonet mig
med min mor

vent tålmodigt veninde
derude i kulden og mørket
vær stærk og vent
drik regnens dråber
spis jordens gaver
glem ikke at leve og gro
glem ikke mig
tænk på at jeg sidder herinde
græder og savner dig

En stump af troldspejlet

det nager i mit hjerte
ro har jeg ikke
mindre endnu
lysten til virke
har egentlig
grundlaget for dem begge
men ser dem
kastet tilbage som
groteske skygger
af karikaturer
og lukker dem
ikke ind

ensom
i mit
selvskabte
tomrum
i livet
som en ufødt
som en løgn

hvem kan
hjælpe mig af
med denne nagende
fordrejende
spejlsplint
det haster

Tvivlerens veje

jeg har gået mange veje
søgt min sandhed
søgt min livsvej
gået veje som blev blege
gået brogede
stenede
snørklede veje
- er altid
vendt om
på halvvejen
eller efter få skridts
prøven
vendt om
hoppet af
til hvad

nu
halvvejs
mere eller mindre
gennem et vejløst liv
vejet og fundet
- for let? -
tvivler jeg på at jeg
vil finde en livsens vej
som ikke før eller siden
vil kaste mig fra sig
dreje af under mine fødder
i håb om en bedre
vejfarendes
trofaste trin

Brobygning

en filosof
dog ikke helt prof'
fortalte mig at stoffets verden var
bluff

en materialist
socialist ganske vist
sagde: religion er de riges list

jeg fik ikke ro
for hvad sku' jeg tro
- indtil jeg valgte at bygge bro:
i alt stof jeg fandt
åndens rette gevandt
den ånd som lader det levende
gro

Møde mellem mennesker

en samtale starter
først famlende
senere høres tydeligt
hvor holdninger brydes
og hvor samklang
præger billedet

men

er samklangen ægte
er en skarp holdning
følt eller blot
provokation

find ud af det
giv ikke op
bevar din åbne interesse
for dine medmennesker

Til en vildmand

nok vil du spise kirsebær
men ikke med de store

nok vil du løse problemer
men aldrig gå på kompromis
med din holdning

nok vil du lytte
men helst til meningsfæller

nok vil du give
dog kun gengæld

men de store er også
blot brikker i spillet

skal problemer løses
må alle give afkald

og jo mere du lytter
des klarere hører du nuancerne

for hvis du vil give kærligt
må du give frit

Vil du

du har planer om mangt og
meget
du taler dig varm
dine øjne er fugtige
hvor høj er mon din promille

min tvivl borer sig
gennem mørket
som en orm
er det du siger mon
noget du virkelig vil
eller det som du mener
jeg vil du skal ville

Undtagelse

aldrig har jeg elsket
et hastigt indtaget måltid
så højt som i dag

i dag

hvor hastigheden var bestemt
af mit forestående møde
med dig

Du blomstrede

du smilede
rakte din ene
brugbare arm
ud imod mig
kærtegnede blidt min kind

og jeg lærte
at lytte til klangen
i din stumme sang
at se din alderdoms
dejligste blomstring

det du gav mig
kan jeg nu
give videre til andre
ved at lade dem opdage
deres egne blomsterknopper
som blot har brug for lys
for at folde sig ud
og blive til skønne blomster

På vej

du viste mig
visnede blade
knækkede stilke

men jeg sagde:
du lever endnu

nu
blomstrer du
rigere end før
dine blade er
så grønne som nogensinde

og stadig ser jeg
nu også du
at det kan
blive bedre
endnu

Hvem ser du

hvem ser du når du
møder mig i dag

en voksen kvinde
halvvejs gennem livet

en lille pige
som med legende spring
bevæger sig ind
og ud gennem
mine øjne

eller ser du
i min holdning
og i draget om min mund
den gamle kone
jeg måske bliver engang

måske ser du dem alle

måske møder de hos dig
barnet
den voksne
oldingen

        fortid
        nutid
        fremtid

        livets gang

Du menneske

du menneske
du mødte mig
på et gudsforladt sted
troede jeg

jeg var én blandt kammerater
i en gruppe hvis holdning
var tør og kontant
at tale om Gud fandtes eller ej
var dengang for os tomme fraser
nej vi ville gøre noget
ved verden
ved det vi kunne se

så kom du mig i møde
en flygtning i mit land
én blandt mange
hjemløse
fædrelandsløse
ja du så som barn
dit fædreland stå
i flammer
og blive solgt
til et andet folk

det meste af dit liv
havde du levet i
et naboland
levet efter dit folks skikke
dyrket dit folks religion
og nu stod du her
med kone og børn

var havnet hos mig og
kammeraterne
som en station på vejen
mod et tryggere liv
fjernt fra det du kendte

en dag
jeg ved ikke i dag hvordan
var vi pludselig
langt inde i en samtale
om religion

du holder inde
ser på mig
og siger med den
midaldrendes vægt

- du har jo en gud –

jeg kan se det på dig
jeg kan mærke det på
dine handlinger

du
fremmede menneske
tværs igennem vort korte
samvær
kulturforskelle
uenigheder om så meget
så du
sagde du
de ord som skulle
forandre mit liv

Bøn ved jul

giv mig mod
til at skrive sande ord
giv mig kærlighed
at øse ud til alle
giv mig håbet
om en fredelig verden

er du her, Kristus
da fyld mit sind
og lad mig gøre
det du vil
at jeg skal gøre

Forår

mit hjerte fryser
jeg har ventet
for længe

jeg vil ikke
vente længere
snart må jeg dø
forvandles
springe ud

Forårsønske

jeg vil rejse med foråret
fra syd til nord
jeg vil ikke bli' boende
her hvor jeg bor
læng're end nok til
at indsnuse duften
men lade mig bære
af forårsluften
for hver spirende plante
og skydende gren
vil jeg se en mere
- og endnu én
sådan føles det hver gang
det spirer og gror
men endnu bor jeg dog
her hvor jeg bor

Grædende sky

et digt vil skrives
et barn vil fødes
det piner og plager
mit hjerte
lader mig ikke i ro
det synger i mine årer
vil ikke standses men gro
det danser for mine øjne
står så stille – på spring
det ligger og lurer
om hjørnet
og farer så atter omkring
jeg trodser det dovent
tror jeg
sætter mig med en bog
men ordene danser
og smedes
efter deres helt egen lov
til lænker af
rytmiske remser
som lægger sig
rundt om mit jeg
og fører mig hen
til papiret
hvor pennen venter
på mig

her hvor jeg
vil og ikke vil
kan og ikke kan
skal og ikke skal
ved og intet ved
lover og intet holder
bander og intet
ondt forvolder
svinger og hænger i ro
springer fra bjergets tinde
og svæver rundt
i det blå rum
som en lille gul
solbeskinnet sky
der fortættes og lader
tårerne falde
på jorden som
frodigt giver
livet sin gromulighed
her fødes den del af
mit barnedigt
som min hjernes og
min hånds begrænsninger
lader slippe
igennem pennen
ud på papiret
til menneskers
sansninger

At gå

jeg går
jeg kan gå
jeg har lært at gå

min glæde og forundring
er som et barns
når det opdager
at det kan gå
uden at holde
ved nogen eller noget
gå selv
kun med hjælp af
de kræfter som er
i jord og univers

før gik jeg
og tænkte
mente jeg så mig godt for
bemærkede alle min
krops svagheder
så på uvedkommende ting
snublede
tænkte: hvor er jeg
dog klodset

men nu
nu
går jeg bare
ser ubesværet lige frem
bevæger mig
ud fra kroppens centrum
mærker jorden svare

mine fødder
når de søger fodfæste
går
uden besvær
over bakker
gennem krat
ad vinterglatte veje
over forårsbløde marker
aldrig før troede jeg
det var så let

jeg mærker en styrke
fylde mig
mine handlinger kommer
ud fra mig selv
mit behov for at støtte mig til
andres råd
mindskes dag for dag
som jeg går
ud i verden

Sydfynsk minde

da jeg stod i ringen
mødte jeg mig selv

først græd jeg lidt
den var så stærk
den følelse af nærvær
af andre mennesker
af gode følelser

og mens tårerne løb
som mild sommerregn
ned over mine kinder
lukkede jeg øjnene let
og mærkede
de mange varme følelser
strømme mod mig
fra menneskesjælene
omkring mig

da opdagede jeg
at gråden var hørt op
og i mig
rejste sig en kraft
stærkere end jeg før
havde oplevet
den gav mig
en følelse af lethed
renhed
af at vokse ovenud
af kroppen

min sjæl mødte
de andres
i jubelsang
og jeg gik derfra
på lette fødder
med hævet hoved
og en ny åbenhed
en stærk glæde
rislede ren og klar
fra dybet af mig selv

Dråben

der gik en dråbe mer
i mit bæger
og det flød over
igen
men jeg lever nu

sørg ikke
nu strømmer floden jo

klag ikke
over min smerte
forløsningen
nærmer sig

Hvad nu?

når livskraften
efter lange tiders stilhed
pludselig er kommet
til overfladen

når den
en tid lang
har gennemrislet din krop
genoplivet hele dit væsen

da opstår spørgsmålet

hvad nu
hvad vil jeg med kraften

måske et ønske
en ny længsel
trænger frem fra dybet

endnu et spørgsmål

hvordan
kan jeg forme denne kraft
give den retning
menneske-
lighed

?

Brev

kære ...
jeg synes ikke jeg kan
jeg føler mig ikke værdig
til nogen sinde
at udøve
denne høje kunstart

når jeg ser på idealet
og siden betragter
mig selv
er forskellen slående
rædselsvækkende
mit indre er fyldt med
urenheder
snavs
fejltagelser
forfængelighed
utidighed
hvordan skal jeg kunne ...

alligevel
er der noget i mig
der vil
prøve kræfter
med utidigheden

mon der da også
findes en vej
for mig ...

Inside out

nu må jeg være alene
hvad sker der
ven   veninde
hvad er det for kampe
i jeres sjæle
som får jer til at gå ud
af jeres gode skind
gå amok
slå ting i stykker
eller mennesker til blods

hvad sker der
hvad er det for kampe
i min sjæl
der gør at jeg rammes
i hjertet
når jeg møder jeres
aggression
selv på afstand

jeg var aldrig udsat
for ydre vold
blev beskyttet i
min barndoms fold
mødte dog ofte tegn på
indre kampe
hos mine nærmeste
vendte så selv mine
kampe indad

nu møder jeg jer
og undres
hvad er det
jeg skal lære ...

Tågedans

hvor længe mon jeg
har vandret i verden
hyllet ind i denne tåge
af angst for smerten
vendt øjnene indad
mod det dybeste mørke
forvekslet fattiges sult
med min egen sjæls tørke
gemt alle følelser
i det inderste kammer
ja glemt at leve - glemt både fryd
og jammer

jeg gik rundt som tilskuer
og registrerede
alt hvad på nethinden
sig reflekterede
som med syvtommerssøm har alt
banket sig fast
og det mærkede jeg ikke
før min tågeboble brast

hvorfor brast den – jo,
to dråber faldt i mit
         bæger
den ene mørk som beg,
den anden gjort af lys
         som læger
mellem dråberne
         dannedes
regnbuens kulører

de gennembrød tågen
som nu intet mere slører
med sig bragte de smerter
forløsning   liv
endog et pust fra oven
- det evige BLIV

mit liv som før var tåget
gik igennem mig påny
men denne gang som
mit liv
mine følelsers gry
det skyllede igennem mig
da jeg fik lukket op
så stærkt – jeg måtte se
efter vandhanen – STOP

men hanen havde sat sig fast
jeg måtte be' om hjælp
den fik jeg – og fik ro igen
i min lille sjæl
som aldrig mer vil glemme
den nat hvor jeg fik mod
til at sprænge tågens slør
og lukke følelserne ud

Tornerose

jeg tørstede
og du gav mig vand
og ny jord at vokse i

du ventede at se
en skøn blomst
folde sig ud

jeg skuffede dig
ved at udvikle torne
og du så ingen roser

men hav tålmodighed
og du vil finde
rosen du søger
bag tornenes værn

ser du grundigt efter
kan du allerede nu
få et glimt af dens
                    skønhed

endnu er den kun knop
men en dag
vil den vise sig for dig
fuldt udsprungen
og lade sig plukke
uden at du må frygte
for tornenes stik

Forråd

den varmetunge dis
er lettet
vinden griber
den blomstrende hyld
bærer den ned til mig

jeg plukker en rund
buket harekløver
ved hver lille
buttet dunkvast
putter der sig et minde
fra en glad, levende
frodig sommer
den bedste jeg
som voksen har oplevet

disse sommeroplevelser
i den dunede buket
vil i vintermørket
fylde mine tanker
hjælpe mig at lette
min længsel
efter den lyse
grønne tid

Frø...

sårene heles langsomt
efter gamle kampe
nu modnes kvinden igen
hun er parat
ved mandens hjælp
vil hun blomstre
og sætte frø

det frø
måtte det blive til
gavn og glæde
for mange mennesker
skabninger
i denne verden

kom nu mand
og hjælp mig
i min blomstring
at ikke blomsten blot
skal miste sin skønhed
og forgå
til ingen nytte

De tre sjælekræfter

Vilje.   Tanke.   Følelse.

V.: Jeg hvirvler igennem
verden, slår ud til højre og
venstre, utrættelig og svær at
tæmme.

T.: Jeg går kun lige veje, støt og
rolig er min vandring, klart mit
mål.

F.: Jeg søger de højeste højder,
de dybeste dybder, lys løfter
mig, mørke tynger mig.

Alle: Søg aldrig kun én af os!

V.: Har du mig alene, løber min
ubændige styrke af med dig, du
ved ikke, hvad du gør.

T.: Ejer du kun mig, vil kulde
og gustne overlæg snart snige sig
ind hos dig.

F.: Lader du mig flyve uden
følgeskab af mine søskende,
finder dine ønsker aldrig
fodfæste.

Alle: Men giver du os alle
ligeligt rum, belønnes dit liv
rigeligt. Thi sammen udgør vi
det ideelle grundlag for
menneskets jeg.

Befrielse

altid at være til stede
i det du gør
altid at skabe nyt
- se om du tør!

lad ikke bevægelsen
styre dig
form du dens væld
vær elementernes hersker
- befri dig selv!

gå modig og vågen ind i
det du er i!
hold dig oprejst i midten
- så er du fri!

Ventetid

brug din indre styrke
vis dig selv du kan
til en have dyrke
ørk'nens øde land

efterårets stilhed
blades tyste fald
vinter er i vente
svagt er fuglens kald

menneske, du venter
åndens vinterlys
midt i dette mørke
midt i angstens gys

November

mørke november, du drager mig
indad og nedad
som vand, der forsvinder spiralsk
gennem bunden af kar
mindre og mindre bli'r cirklerne
som jeg beskriver
rundt om mit centrum, min
stjerne så lysende klar
ejed' jeg ikke det tindrende lys i
mit indre
ønsked' jeg hver gang du kom at
jeg ikke mer' var

Smerte

smerte kan være et værn mod
angsten for at flyde ud, gå i et
med omverdenen

der hvor smerten er, kan jeg i det
mindste mærke, at jeg er til

hvorfor lade mig fange i et
smertende fængsel og dermed
afholde mig fra at være til stede i
medmenneskelig sammenhæng

i smerten er jeg dog kun til stede
for mig selv

Målet

jeg vil rejse mig op
fra mit leje engang
til en verden af sang

når min krop siger stop
vil jeg huske på det
gennem vilje og vé

og den dag jeg står op
gennem smerternes skrig
fra den dødsstille krig

som jeg før' mod mig selv
vil jeg åbne en port
ja - for livet er stort

og jeg skælver i dag
for det ventede nu
hvor jeg KAN sige DU

Nyt syn

gå ind i smerten
for midt i smerten
er efterklangen
af frydesangen
af samklangs dybder
som genoplevet
kan hele såret

giv plads for nyt liv
og slip det brugte
men først må kalken
til bunden tømmes
- - - - -
igennem smerten

Påskedag

for år tilbage
ved en forstuvning
jamrede jeg
av, min ankel

i dag er jeg ramt
af en anden slags smerte
ikke en fysisk
og kan kun hviske
jeg har ondt i min engel ..

Udplantning

små sarte planter
hæget i stuens
varme og stilhed
tidligt sat ud
kølig luft og blæst
forrevne blade
fjernes behændigt
nænsomt
men nej
ikke tilbage
til stueluften

sår fra en
forblæst tid
heles med tiden
nye robuste blade
vokser ud
i forårsblæsten

Forvandling

det brænder
              det brænder
  det brænder
             det brænder
  det brænder

over mig bevidsthed
under bevidstheden intet
derunder forvandles form
langsomt til aske

asken er endnu varm
deri virker bevidsthed
skaber af asken form
form modtager liv
og væren
ved bevidsthed

In memoriam
Grundtvig

jeg søger kernen
ja kun kernen
næste års spirende plante måske

kernen i livet
kernen i sjælen
den som har grokraft
ud over døden
og som om tusinde år
vil fødes
endnu engang
i en menneskekrop

smerten i sjælen
smerten ved afsked
må jeg udholdende
leve med

afsked med vennen
afsked i verden
græder jeg ofte
tørrer jeg tåren
husker forventning
om gensyn nybåren
tusinde år som en nat
uden krop

Februar

træerne, buskene
taget på skuret
hegnet og haverne
tiltrækker fugle
som flyver og hopper
sidder på grenene
søger føde, giver liv
i vinterens hvidhed

Kraft

ved overskyet vejr
vågner sjælen
ved hvert
lysglimt
glæden titter frem
menneskesjælen
erkender
solens kraft

Vesper

sangens velklang
klinger videre
omkring hende

lange lange
latinske sætninger
i dette sprog
kan de internationale
nonner mødes

stemmen fra Vietnam
stemmen fra Mexico
stemmen fra Indien
stemmen fra Danmark

rutschetur
tværs over afgrund
og retur

tårer
genklang
opfyldelse

Fredsøvelse

jeg står på bjælken
det røde jern
opadtil lyset
nedadtil mørke

i mørket et væsen
som falder, som synker
i dybere mørke

i lyset mit jeg
jeg ser på det væsen
som også er mig
foruden det
er jeg kraftløs på jorden

jeg bøjer mig ned
vil hjælpe mit nedre
ja, hjælpe det op

men er det først oppe
da hvæser det ad mig
og sender sin skarpe
ånde mod andre
i ufred – i angst

mit jeg søger styrke
at dæmpe - forvandle
den lavere kæmper
til kampe for freden

Omplantning

når du flytter en plante
tager den op af jorden
giver den en ny plads
måske også en bedre

vil den dog miste
i vækst
i styrke

måske vil du tvivle
på flytningens nytte
til den dag du ser
af bladenes friskhed
at rødderne fik fat

Skelnen

tåge
at vente
uforløst

smerte
et skridt
nærmere
forløsning

Vand og sol

træ i forfald
tørt, uden løv
knækkede grene
tæt ved en sø

sol i refleks
spejles i bølger
fra bølger til grene
levende vekslen
af lys og af skygge

øjet belives
af vand og af sol

Kræfter, efterår

jeg står spændt ind mellem
to stærke kræfter
mit hjerte
snævrer sig ind

hjælpen er nær
den tredje kraft
lysende
trænger igennem
hjertet og lader
ikke de andre
komme derind

Lettelse

jeg tænkte
mit hjerte var en sten

men stenen
var ikke mit hjerte

i hjertet
er stenen nu renset

blev ædel
blev lettere at bære

Tosom transition

verdener forenes
rystelser i jordskorpen
skarpe sten og
valne vendinger
vender op og ned
på hinanden

uro i hjertet
frygten fordufter
ved første berøring
af den elskedes hånd
tosomheds tårer
krigsmaling krakelerer

nu kun nænsomhed
varsom varme
fælles følsomhed
styrkende stund